图说城市传播

陆晔 主编

中国传媒大学出版社
·北京·

复旦大学信息与传播研究中心（原名文化与传播研究中心）成立于1984年，重组于2000年2月，同年12月，经过严格评审，获批为教育部人文社科重点研究基地。作为全国唯一的传播学研究基地，本中心按照教育部关于重点研究基地的建设要求，在学校的指导下，不断开拓进取，形成了自己的特色和风格，在引领中国传播学科的建设、提升中国传播研究的整体水平、立足本土、创新范式、作育人才、服务国家和社会等方面，取得了显著成绩。在2016年最新一轮教育部人文社科重点研究基地评比中，复旦大学信息与传播研究中心总体获评“优秀”，在全国151个基地中，总分名列第四。

近五年来，本中心进一步凝练方向，明确发展的目标和思路，这就是：针对当前世界范围内新技术崛起引发的传播革命，紧紧围绕国家重大战略，以中国城市化进程的历史和现状为经验性场域，聚焦于新媒体及其带动的人类社会巨大变革，立足本土经验，在理论创新上实现重大突破，探索建立传播研究的本土范式，引领和推动中国传播学科迈上一个新的高度；立足国家重大需求，探索学界与业界，尤其是与新媒体机构密切合作的新路径，在咨政和服务社会方面有突出贡献。

当前，本中心聚焦三个重大问题：第一，紧紧围绕新技术引发的传播革命，集中于研究全球化、新技术、城市化所带来的人类社会交往形态重大变革，在学术上回应当前中国新媒体崛起、城市化进程的现实需求。第二，创新传播学研究的机制，搭建新媒体、城市传播研究的跨界平台，聚合各方力量，推进研究成果的社会化，回应国家建设的重大需求。第三，立足中国经验场域，重构传播及其研究范式，回应中国传播学科建设的切实需求。力争创造传播学研究的复旦学派，引领中国的传播学研究。

当我们在讨论
城市的时候，
我们在讨论什么？
地理
媒介
城市
沟通

一

"城市世界"
已成为描述当前人类生存状况的常用词。
城市，这种人类创作的独特生存方式，
正在变为世界的主导状态。

21 世纪是城市的世纪。
城市提供了解决当前人类社会问题的根本性方案，
这种观点被称为"城市的胜利"。

二

当前城市研究的一个新动向，
是建立跨学科的城市理论，将城市理解为
人类文明的行动者。

传播与城市构成内在性勾连。
在实践层面，传播是城市最重要的命题，是城市的本质。
报纸等大众媒介的产生，便是为了应对城市大规模陌生人
之间的沟通（传播）问题。

"更不能希望我国报纸之觉悟，更不能希望我国报界之努力！"

"应该看到新媒体对社会形态、人际关系的重塑作用。"

三

城市越来越趋向于交换、交易、交往、
交流等多重传播网络的中心，裹挟着传播的力量，
城市成为推动人类发展的巨大动因。

移动网络等新型传播技术更是创造了智慧城市、
智能城市，激发了当代城市的传播能量，
塑造了新型社会结构与生存方式。

四

凭借移动互联网的传播技术，
城市构成全球网络的中心节点，交织了多重时空网络，
正在成为塑造人类未来的主导型力量。

在城市研究中，城市不能仅仅被视为理论研究的经验对象，
它应当而且可能被看作一个塑造社会的行动者，
能够推动社会和个人的进步与发展。

“城市的发展不仅构造了城乡网络，
更构造了城市网络，并将城乡网络纳入其中。”

"地方与空间：
中国城市的
数字实践"
#记国际媒介地理学年会#

五

城市传播，是以重新建立传播与人之存在、
传播与社会进步、传播与人类文明之关系为着眼点，
力争在人类迈入城市世界的时代，做出传播学的回应。

城市传播是一个领域，我们可以在这样一个经验场域中，
立足中国实际，重新理解传播，
努力创造本土传播研究的范式和理论。

六

城市传播将城市理解为交流系统，
这个交流系统涵盖物品的交换、人的移动、
信息的交流、人的交往、意义的分享等多个层面。

城市作为交流系统，它核心价值是“可沟通”，
城市传播推崇的理想城市是“可沟通城市”
——由传播创造打破各种区隔、障碍，
化解分歧、冲突的良性生存格局。

让城市始终有温度℃
让街区可以漫步，
让建筑可以阅读，

"虚实之间
的城市。"

七

实体空间的城市，包括物品的交换与人的流动、建筑设计、城市规划、街道布局。虚拟空间的城市，涉及信息流通的通讯系统、意义分享的观念系统，是所谓想象的城市。

传统的大众媒介常常运作在虚拟交流系统中。城市传播将原来彼此分割的实体城市系统与虚拟城市系统勾连在一起，这种勾连为我们重新认识城市与传播的问题，提供了新的视角与可能。

八

立足于将城市视为多重交流系统的基本立场，
我们提出在城市的不同交流系统之间建立通道，
将传统的新闻传播业从原来的专业化壁垒中解放出来，
在自媒体风起云涌的背景下，
重新调整新闻传播业与城市系统之间的关系。

在传递信息的同时，
新闻还作为一种知识，
一类社会实践，
一门职业和
一个行业的
内在逻辑。

「要基于技术局限性来思考传播问题。
而是突显了技术的重要性，
媒介融合本身不是消解技术，」

九

所谓媒介融合，不仅仅是媒介技术形态的融合，
更是新闻传播系统与城市其他社会系统的融合，
这种融合带动经济、产业、治理、
文化等城市多个系统的交流与重组。

十

新传播技术激发网络社会崛起，
使得城市交流系统扩展到了全球范围。

我们生活的地球正在成为都市星球，
城市是网络社会中最重要的节点，与乡村、
国家、社区呈现出一种网络化的勾连、互动关系。
传播技术的发展重塑了传播与城市、社会之关系。

媒介要以
更加严肃和
全面客观的态度
来报道新闻。

为友谊干杯!
Cheers!
要学会聆听技术自身独特的"还嘴"。

十一

在城市产生发展的整体性进程中，
技术发挥了非常关键的作用，技术引发的城市变革，
改变了人类社会的基本状况。

技术不能仅仅理解为人的手段和工具，
它具有自身的动力。

技术是与社会发展互嵌的。

十二

城市传播认为当前技术本身发生了颠覆性的变化。

变化一：传播技术的重要性突显。
传播的技术超越生产的技术，
占据社会的中心位置。

荣获2016年新闻业研究十佳论文!

“移动网络时代的城市体验，
调动、叠加了所有感官刺激、
拼贴了形形色色的时间与空间。”

十三

变化二：复合空间出现。移动网络、虚拟现实等传播技术，
使得人类生存世界出现两个平行又交织的空间。
城市空间作为当前人类生活最典型的空间形式，
分化成无数个复合空间——实体与虚拟交织互嵌的空间。

十四

变化三：人工智能技术崛起。

技术最终指向人本身，

智能技术正在塑造新型传播主体——

技术与人的组合“赛博人”。

这是一个技术具身、为数据浸透的传播主体。

身体成为一个界面。

它创造的连接力，

实现的是人类基本生存方式的各种系统的打破与重组。

233333……
6
6
6!
呵呵
呵呵
千手千眼，时时观看，表达所见所闻。
人与媒介是一种具身关系，

“航拍使得我们的学术、教学与城市的关系更加密切、与市民更加接近。”

十五

从城市传播的视角出发，技术与城市的关系，
不仅仅局限于讨论信息基础设施的建设
可能造就一个虚拟的城市空间。

从智慧城市到智能城市的变化，
意味着当代城市语境的仿真实践从技术生产转向
囊括人机互动体验等多样实践方式的融合传播实践。

十六

城市传播尤其突出空间元素。
城市在很大程度上首先被视为一种
人类生存最重要的空间形式。

网络社会突出了空间的力量。
移动网络时代的“地理媒介”，
不但强调媒介的位置、空间、景观、地理属性，
而且将实体城市、抽象城市融为一体，
特别关注媒介在两种空间的来回穿梭中
所创造的新型社会关系。

“大众是地方城市的主体
他们与空间地域有着日常生活的联系”。
#空间争夺战#

每一代人都有自己的"新媒体"。

十七

相较于传播，媒介是一个非常古老的词汇。

媒介的含义并非一成不变，
而是随着历史文化变迁不断转化。
这个变化有着内在的联系，
“连接”“中介”“关联”是其核心的意涵。

十八

媒介作为一种连接，勾连的方面异常丰富，
几乎没有什么限制，可以是现实世界的诸种现象，
也可以是现实世界与想象世界，
或者是人与人（社会交往）。

"什么是媒介?"

要在对外传播中
讲好"上海故事"!
相亲
×××
FUDAN
OK

十九

媒介的形式常常是激发媒介变迁的动因。

媒介渗透在生活中，只是到了现代，
才出现了将媒介专业化、建制化的现象，
即大众媒介的产生。

尽管大众媒介取得霸主地位已有几百年，
但媒介的丰富意义仍然不能被大众媒介所垄断。

二十

媒介是两元论常常忽视的第三种存在，

是连接两元的中间状态。

这种连接本身（及中间状态）创造了一种崭新的存在物，

一种崭新的关系。

甚至，如果没有媒介，被连接的存在都将失去意义。

"要防止把经典变成一个一成不变的参照系。"
"重访黄金时代，经典再阐释，是为了再出发！"
"重访，是为了创造新的研究思路&范式"

#英国伦敦出访记#

二十一

任何一种媒介都有两个侧面，
所谓“作为器具的媒介”与“作为装置的媒介”。
作为器具的媒介，是手段、工具，它外在于对象。
而作为装置的媒介是事物的中介，它浸透在事物中。

作为器具的技术只是节省了劳动，
作为装置的技术则生产出一个人工的世界，
它开启了新的经验，并使新的方法得以产生。

二十二

城市传播从以下四个方面理解媒介:

一是媒介的含义包括连接、中介、居间,
这是一种打破两元的存在。

二是媒介是生产性的,它并非透明的容器,
媒介参与意义的生产。

三是作为专业化、建制化的大众媒介机构,
产生于特定的历史阶段,它无法垄断媒介的所有意涵。

四是城市作为交流系统,本身就是一种媒介,
它构建了人与人、人与自然、人与实体、
虚拟世界的多重关系。

PP
PPT本身就
是个漏水的
东西，P和P之间本身
就无法那么紧凑.

“今天的媒体环境 更要看不同的群体
所做的事情与中国社会公共生活的连接。”

二十三

媒介在这个时代引起人们的极大关注，
很大程度上是因为，移动网络、
虚拟实在等传播技术极大地释放了媒介的中介性力量，
在社会各个领域及日常生活的方方面面，
实现了前所未有的众多连接。

新传播技术的崛起让人们意识到媒介本身的力量，
意识到媒介有着不止于信息内容的多个维度。

二十四

城市传播试图打开媒介更多的面向，
试图破除“媒介只是一种受人使用的工具或载体”
的媒介观，提出一种新的书写方式，
即以媒介为重点，以媒介实践为叙述进路，
关注的重点不仅是人们用媒介做什么，
而且是媒介使人做了什么，
形成了何种传播形态，并由此产生何种改变。
就这个角度看过去，媒介就成为构成、
推动人类实践的基础要素。

城市传播 图说

3D效果真不错！
“城市形象的主体应该是人，而不是景观。”

二十五

城市传播将城市空间也视为一种媒介，
比如，考察上海外滩这样的地标性城市空间作为媒介，
如何连接了历史、现在与未来；
怎样融合了实体城市与想象城市以建构城市认同；
都市景观作为媒介，创造了哪些新型社会关系和文化意义。

二十六

当我们说“万物皆媒”时，
仅仅指出所有存在物都可能是媒介是远远不够的，
关键在于，我们还要解释它在何时何地何以成为媒介，
这个媒介通过连接，创造了怎样的前所未有的
传播形态及社会关系。

21世纪朋友圈摄影大賽
获奖感言
“要拥有一双发现美的眼睛！
德
荷
上海
冠军
……和一台可以拍照的手机……”

彼此、彼此、
先生您、功夫了得！
我中心学术团队
与伦敦国王学院
数字人文系达成
合作协议。

二十七

在移动信息网络全面覆盖、嵌入到各类社会空间的当下，
城市就是一个最典型、最活跃的媒介，
城市作为交流系统，呈现出非线性关系的网络形态，
达至媒介的极致状态。

二十八

大众媒介是人类对于网络想象以及实践的一次突破。
这个网络跨越了物理空间对于时间和身体的依赖，
使人类的交流进入一个新境界。

互联网的出现，使得网络概念趋向了一种极致，
以至于社会结构被网络化了，
这正是“网络社会的崛起”。

"比酒水更多的是天上的繁星，比繁星更多的是……做不完的海报。"
爸爸加油，你是最胖的！
完成进度 1%

大宝今天太棒了……
男朋友送了……
社交媒体的新闻传播，突出了新闻作为一种交往行动的特质，镶嵌并深深卷入生活世界的物质场景中……
探草一间餐厅……
震惊！某公司老总……

二十九

为新型传输技术全面武装的城市，
就是一个巨型的交互界面，
它以及遍布它全身的交互界面，
正是当代人须臾不可离开的接口，
人们由此接入自然、社会、人等各个类型的交流系统中。

交互界面连接的是人的身体、物质环境、信息系统，
以至于城市与人的认知系统形成了互嵌的关系，
人的生存方式也彻底改变了。

三十

信息与传播既不是工具性的，也不是终极性的：
信息与传播建立网络、创造联结。
在如今这个不再是工业社会而主要是媒介社会里，
信息与传播既优于工具性也优于终极性，
成为全球信息社会的构成质料、新的第三性质。

媒介是第三性质的连接性存在。
在这个信息秩序时代，传播的重塑势在必然。

#关西大学出访记#
SMART IS THE NEW SEXY!

新媒体 视频平台》
《用户行为和生活方式调

三十一

传播是一个现代概念。
十四世纪时意为“聚会的方式”，
十八世纪变成了“被传递的信息”。
在这个转变中，传播从身体在实体空间中的“在场”
“相遇”“交流”，转变为跨越空间的虚拟信息的传递。
从十七世纪末起，传播产生了一个重要的引申意义:
“传播媒介、通信工具”。这个概念变得如此重要，
是因为二十世纪后期电视等“大众”传播方式的飞跃式发展。

显而易见的是，在当今传播实践发生颠覆性变革的当前，
我们不可能以固化的传播含义去理解
急速变动中的传播实践。

三十二

重新理解传播，

对现有的传播学理论知识体系有哪些改变？

“媒体城市”的概念，旨在概括随着影像技术的发展，

媒介与城市形成了互相嵌入的新型关系，

我们再也无法把媒介从城市现实中剥离出来。

传播，因此不再是大众媒介时代对于现实的再现，

而是构成现实的一个不可分割之组成部分。

"都市诉诸视觉的方方面面，就是都市视觉性"。

合作愉快!
CHINA
多多指教!
GERMANY
#海德堡#
大学出访记
促进亚欧文化交流.开辟跨文化研究新路径

三十三

城市传播致力于从理论建构与经验分析
两个方面重塑传播的意义。
概而言之，是力争打破大众传播理论基于结构 - 功能
主义对于传播的理解——传递信息的过程。
试图将对传播的理解拓展至人的根本性存在。

三十四

城市传播对于传播的理解，大致涉及以下方面。

其一，传播是生产性与构成性的。

传播不能仅仅被理解为主体的手段或工具，

也不是现实的附属与奴隶。

传播是构成社会及主体的基础性要素。

比如，城市传播的社区研究，

并不仅限于社区内的人际传播活动，

而是将传播视为社区建构的动因。

“正是各种传播活动将空间行动者与社区其他行动者

（包括人类与非人类）联结起来，构成网络。

……以这样一种方式我们得以真正将传播置于

社区建构的中心。”

社区沟通应该是以沟通为尺度的“可沟通”社区。

“微信不仅仅是
个体之间的联结，
也不仅仅是为了
达成共识而进行的交流，
而且是群体的
共同在场。”

三十五

传播的构成性还表现在它可以塑造主体。
基于移动网络的传播建构了新型主体——节点主体。
节点是与网络紧紧联系在一起的，
脱离了网络，节点就失去了存在的基础。
人作为主体，及其与客体、与其他主体之关系，
不是由先在的单一、固定本质决定的，
而是在网络的节点中动态地呈现出来的。
节点主体是一种典型的中介化存在，
是经由新型传播实践建构的。

三十六

其二，传播是日常生活实践。
城市传播尝试提出“身体实践”的概念，
针对传播学研究中的“话语实践”，突出强调，
新型传播主体赛博人的传播不能仅仅从话语层面理解，
必须要打破传播学研究集中于媒介话语的惯常思维。
移动媒体、虚拟仿真技术，也迫使传播研究
不能局限于话语实践，必须转向身体实践，
也就是涉及位置、空间、时间、
感觉等这些与身体有关的重要因素。

"移动传播激发了新型社会实践，塑造了多样性的城市生活。"

三十七

其三，传播具有表征与交流形式的双重意义。

其四，传播是编织关系网络。
传播建构并融汇了地理之网、
信息之网、交往之网、意义之网。
传播通过编织各种关系网络，
构成社会得以可能的基础要素。

图书在版编目(CIP)数据

图说城市传播 / 陆晔主编. -- 北京 : 中国传媒大学出版社, 2019.7
ISBN 978-7-5657-2460-2

Ⅰ. ①图… Ⅱ. ①陆… Ⅲ. ①城市—传播学—中国—图集 Ⅳ. ①G206-64

中国版本图书馆 CIP 数据核字(2019)第 035639 号

图说城市传播
TUSHUO CHENGSHI CHUANBO

主　　编　陆　晔
文　　字　孙　玮
插　　画　温婷茵
策划编辑　王雁来
责任编辑　王雁来
封面设计　拓美设计
责任印制　李志鹏

出版发行　中国传媒大学出版社
社　　址　北京市朝阳区定福庄东街 1 号　邮编:100024
电　　话　86-10-65450528　65450532　传真:65779405
网　　址　http://cucp.cuc.edu.cn
经　　销　全国新华书店

印　　刷　三河市东方印刷有限公司
开　　本　787mm × 1092mm　1/16
印　　张　9.5
字　　数　3 千字
版　　次　2019 年 7 月第 1 版
印　　次　2019 年 7 月第 1 次印刷

书　　号　ISBN 978-7-5657-2460-2/G · 2460　　定　　价　58.00 元